Guerilla-Marketing für Schauspieler

100 Tipps, wie Sie (fast) ohne Geld erfolgreicher werden

Der Autor

Frank Gehricke ist der Marketing-Coach für Schauspieler in Deutschland. Er ist Autor des Ratgebers „Der erfolgreiche Weg ins Film- und Fernsehgeschäft.“ Er ist Gründer der Agentur actorsahead!®, die ausschließlich auf das Management und die Vermittlung von Film- und Fernsehschauspielern spezialisiert ist. Er ist außerdem Gründer und Vorstand des BCFF „Bundesverband Coaching für Filmschaffende“.

Vorwort

Guerilla-Marketing. Was soll denn das sein? Und was bitte hat das alles mit dem Schauspielersein zu tun? Ich bin Ihnen Antworten schuldig. Ja, richtig! Ich werde Ihnen die Antworten liefern. Versprochen!

Guerilla-Marketing meint nichts anderes als mit wenigen Mitteln große Aufmerksamkeit zu erzeugen. Welches Mittel haben Schauspieler gerade am Anfang ihrer Karriere wenig? Oder am wenigsten, dafür aber am dringendsten nötig. Nein, nicht Talent, Durchhaltevermögen oder eine Vision ihrer Karriere. Das sind grundlegende Voraussetzungen. Es ist viel einfacher und Sie ahnen es vermutlich längst: GELD.

Einfach nur Geld, Kohle, Money, Penunzen, Schotter, Zaster, Steine, Talerchen oder wie auch immer man das nennen möchte. Geld ist wichtig, gerade am Anfang der Karriere, aber auch später, muss genau dieses investiert werden. Aber wie, wenn keines oder zu wenig davon da ist?

Dann müssen andere Strategien an die Stelle von Geld treten. Genau da setzt dieses Buch an und bietet ungewöhnliche Lösungen.

Sie können auch ohne großes Budget, ein gutes Marketing für sich machen. Guerilla-Marketing ist das Mittel dazu. Zugeben, manche meiner Tipps werden Sie verwundern, einige werden Ihnen relativ einfach und selbstverständlich vorkommen, andere werden Sie herausfordern. Bestimmt werden Sie aber ganz neue Möglichkeiten kennenlernen.

Ungewöhnliche Ideen, neue Energie, frische Sichtweisen und Motivation anstelle von Geld, werden Ihnen in diesem Buch präsentiert. Gute Ideen sind unbezahlbar. Und selten. Ich habe Ihnen 100 davon zusammengestellt. Selbst, wenn Sie nicht jede davon umsetzen, und nur 20 realisieren, werden Sie spürbar erfolgreicher. Garantiert!

Nicht selten wissen Schauspieler, dass Sie in Ihren Beruf investieren müssen, ob nun neue Fotos benötigt werden, das Demoband oder der Schauspiel-Workshop bezahlt werden soll. Alles kostet. Oft blockiert genau an dieser Stelle die Karriere. Das muss nicht sein. Es gibt einfache Mittel. Sie kosten Sie vielleicht Mühe, auch Zeit und manches Mal sicher auch Nerven, aber vor allem kosten sie (fast) kein Geld.

Viel Erfolg wünscht Ihnen

Frank Gehricke, im Juni 2009

Inhalt, aber es gibt keine Seitenzahlen.

<u>100 Tipps, wie Sie (fast) ohne Geld erfolgreicher werden:</u>

„Die Grenzen sind vielmehr in unseren Gedanken als in unseren Möglichkeiten."

Frank Gehricke

Guerilla-Marketing für Schauspieler

100 Tipps, wie Sie (fast) ohne Geld erfolgreicher werden:

1. **Was nichts kostet**, ist auch nichts wert! Diese Art zu denken, ist das größte Hindernis überhaupt, wenn Sie versuchen ohne große finanzielle Mittel ein gutes Marketing für sich zu realisieren. In einer Gesellschaft, die sich vor allem über materielle Dinge definiert, ist es nicht leicht etwas ohne Geld zu erhalten und dieser Sache dennoch einen hohen Wert beizumessen. Das ist sowohl für denjenigen, der die Dienstleistung anbietet, als auch für denjenigen der diese erhält, nicht unproblematisch. Ich werde Ihnen verständlicher machen, was ich meine. Wie würden Sie selber folgende Situation einschätzen: Fotograf A sagt, ein Fotoshooting kostet 1500 Euro. Sie gehen auch zu Fotograf B. Nun fragen Sie bei Fotograf B, ob er sich auf einen Deal ohne Geld einlassen würde. Sie machen einige Vorschläge, was Sie stattdessen anbieten könnten (dazu erfahren Sie später mehr unter

Tauschgeschäft. Bitte, liebe LeserInnen, keine Angst, erlauben Sie mir den Hinweis an dieser Stelle, dass nicht Sex oder dergleichen gemeint ist. Dies ist ein ernstgemeinter Ratgeber, gehen Sie davon aus, dass es tatsächlich Alternativen zum Geld gibt – aber gehen wir zunächst zurück zum Deal). Nehmen wir an, Sie sind überzeugend und Fotograf B sagt, nach einigem Überlegen, das Fotoshooting sei kostenlos. Antworten Sie nun bitte spontan aus dem Bauch heraus: Wo würden Sie lieber hingehen, wenn Geld keine Rolle spielen würde? Zu Fotograf A oder B? Ich glaube, alle würden sofort lieber zu Fotograf A gehen. Der Preis von A ist hoch, damit muss er sehr gut sein. Außerdem ist es irgendwie befremdlich, wenn jemand kein Geld möchte. Wir sind so an Geld als Zahlungsmittel gewöhnt, dass uns alle anderen Lösungen erst einmal irritieren. Wir vergessen dabei aber, dass Geld ebenfalls nur ein Tauschmittel ist, dessen eigentlicher Wert, nämlich den des Papiers oder Metalls, in der Regel nicht den Wert der erhalten Ware oder Dienstleistung aufzuwiegen vermag! Was viel kostet, ist auch viel wert, denkt man meistens. Der Preis gibt jeder Sache einen Wert.

Ein hoher Preis ist gleichzusetzen mit guter Leistung, meint man. Der Preis einer Ware allein, ist schon Marketing! Aber bitte vergessen Sie folgendes nicht: Nur weil Fotograf B, kein Geld will und dafür eine Ersatzleistung akzeptieren würde, müssen seine Bilder nicht schlechter sein. Er kann sogar der bessere Fotograf sein. Vergessen Sie Ihre eigenen Vorurteile, wenn Sie etwas ohne Geld erreichen wollen. Bleiben Sie offen für allerhand von ungewöhnlichen und Ihnen bisher wenig vertrauten Vorgehensweisen. Ansonsten wird es nicht klappen, und Sie müssen den vollen Preis bezahlen.

2. Erfolg und **sehr viel Arbeit** sind Verbündete. Viel Arbeit ist die Basis für viel Erfolg. Wenn Sie mehr Erfolg möchten, sollten Sie die Tatsache in Betracht ziehen, mehr arbeiten zu müssen. Sie müssen besser und anders sein als die Konkurrenz. Egal, was Sie machen. Seien Sie der Bessere und Sie werden Erfolg haben.

3. Übernehmen Sie ohne Wenn und Aber die **Verantwortung** für Ihr gesamtes Leben. Das schließt den Erfolg, genau so wie den Misserfolg, mit ein. Eltern, die einen möglicherweise nicht

ausreichend unterstützt haben, Freunde die einem die Idee geklaut haben, Filmschaffende, die Sie nicht leiden können, Agenten, die nicht gut genug für Sie gearbeitet haben, ein Caster, der Ihnen keine zweite Chance geben will, ein Fotograf, der Sie nicht optimal abgelichtet hat - keine dieser Möglichkeiten kann *der* Grund sein, warum Ihre Karriere nicht funktioniert oder funktionieren sollte. All das sind keine Gründe, sondern Ausreden! Tja, Sie protestieren?! Finden ich sei unrealistisch oder übertreibe?! Meinetwegen. Aber ich weiß, dass Sie nichts aufhalten kann, wenn Sie Erfolg wollen. Außer Sie wollen sich lieber mit Ausreden beschäftigen als mit Erfolg. Wenn Arbeit der Verbündete vom Erfolg ist, dann sind Ausreden der Feind des Erfolges. Man sollte seine Feinde kennen. Lassen Sie aber niemals Ihre Karriere von Ihren Feinden bestimmen. Sie allein und kein anderer Mensch, bestimmen selbst, wie groß Ihre Karriere wird. Alles ist möglich! Wenn Sie auf Ihre eigene Stimme hören und nicht auf die der anderen.

4. Erst Ihre **Handlungen** werden Sie erfolgreich machen. Wissen allein nützt nichts. Sie müssen es in Taten

umsetzen. Von Erfolg zu reden oder nur zu lesen, wie in diesem Buch, bringt leider gar nichts, wenn Sie sich nicht schon während der Lektüre oder wenigstens danach auf den Weg machen und Ihren Erfolg in die Tat umsetzen. Wenn Sie als Schauspieler[1] erfolgreich sein wollen, müssen Sie etwas unternehmen. Es ist nicht mal entscheidend, was genau Sie als erstes machen. Wichtig ist, dass Sie einen ersten Schritt in Richtung Erfolg gehen. Darauf müssen viele Folgen. Das heißt, Sie müssen schon Ihren inneren Schweinehund überwinden und die liebgewonnene Bequemlichkeitszone verlassen. Es ist sehr viel einfacher von Erfolg zu reden als ihn tatsächlich zu erarbeiten. In Punkto Erfolg gilt: Das Glück ist mit den Tüchtigen! (Ich weiß, das will keiner wissen, aber leider ist es wahr!)

5. Weniger ist mehr. Dieses Motto ist unlängst bekannt. Aber die wenigsten Menschen wissen, dass es Verteilungs-

---

1 Der Einfachheit wegen wurde in diesem Buch grundsätzlich die männliche Form bei allen Berufen wie Schauspieler, Agent etc. verwendet; gemeint ist jedoch auch immer die weibliche Form.

muster in bestimmten Beziehungen zueinander gibt. Vilfredo Pareto, ein italienischer Ökonom, fand 1897 heraus, dass als er die Verteilung von Einkommen in der berufstätigen Einwohnerschaft untersuchte, nur eine Minderzahl über die höchsten Einkommen und Vermögen verfügte. Heute wissen wir auch, dass ca. 90% aller Besitztümer, nur 10% der Menschheit gehören oder dass in der Regel 20% der Produkte eines Unternehmens zu 80% des Umsatzes führen. **Das Pareto-Prinzip** wird auch das 80/20-Prinzip genannt. Es können auch Verhältnisse von 70/30 oder 90/10 sein, aber nur sehr selten ist die Beziehung von Ursache und Wirkung in einem Verhältnis zu 50/50. Oft erzielt eine Handvoll an Aktivitäten den Großteil des Effektes. Wie können Sie sich dieses Wissen als Schauspieler nutzbar machen? Wenn Sie das 80/20-Prinzip auf Ihren Alltag als Schauspieler anwenden, bedeutet dies, dass 80% der Zeit die Sie z.B. mit Kontaktaufnahmen zu Filmschaffenden aufwenden, nur 20% Nutzen bringen! Was heißt das weiterhin? Ein Schauspieler der bekannt geworden ist, ist es durch wenige seiner Filme geworden. Nur wenige Castings bringen Ihnen ein Engagement.

Nur wenige Filmschaffende sind wichtig für Sie. Nur wenige Anstrengungen führen zu großer Aufmerksamkeit. 20% Ihrer Tätigkeiten bringen 80% des Nutzens. Das ist der entscheidene Punkt! Weniger ist mehr. Danach sollten Sie sich richten. Machen Sie weniger, aber dafür gezielt mehr, dort wo sie die größten Erfolge verbuchen können. Konzentrieren Sie sich auf erfolgsbringende Tätigkeiten und stellen kontraproduktiv wirkende Aktivitäten ein.

6. Stellen Sie Ihr Video kostenlos bei **YouTube** ein und verschicken den Link an alle Filmschaffenden, die Sie kennen. Legen Sie sich einen Verteiler an, pflegen diesen kontinuierlich und schicken allen neu hinzukommenden Kontakten ebenfalls den Link zu Ihrem Video.

7. Rufen Sie Filmschaffende Ihrer Wahl an und bitten um ein persönliches **Vorstellungsgespräch**; machen Sie dem jeweiligen Filmschaffenden deutlich, dass Sie diesen unbedingt persönlich kennenlernen möchten, weil Sie die Arbeit der Person sehr schätzen und eine Zusammenarbeit anstreben.

8. **Telefonieren** ist eine Kunst für sich. Vor allem wird die Art, *wie* Sie etwas sagen wahrgenommen, weniger der Inhalt. Ihre Stimme bzw. Stimmung ist von großer Bedeutung. Nicht selten ist der erste telefonische Kontakt entscheidend für die weitere Zusammenarbeit. Wenn Sie müde oder schlecht gelaunt sind, verschieben Sie ihren Anruf. Man wird Ihre schlechte Stimmung wahrnehmen können, selbst wenn Sie versuchen, diese zu überdecken. Wesentlich ist beim Anruf, dass Sie bei Ihrem Gesprächspartner Freundlichkeit, Persönlichkeit und Dynamik vermitteln und auf diese Weise Sympathie wecken. Menschen mit gepflegter Sprache hinterlassen Eindruck. Für einen Schauspieler gilt dieser Grundsatz mehr als für jeden anderen. Wärmen Sie sich und Ihre Stimme auf bevor Sie telefonieren, das gibt ihrem Klang Kraft und Ausdrucksvermögen. Seien Sie vorbereitet, wenn Sie anrufen. Machen Sie sich vor dem Telefonat einige schriftliche Notizen zu den wichtigen Punkten des geplanten Gespräches. Achten Sie auf Ihr Gegenüber. Filmschaffende sind häufig gestresst und haben eventuell gerade wenig Zeit, wenn Sie anrufen. Sie werden sich nur

dann Zeit für Sie nehmen, wenn es Ihnen gelingt folgendes zu vermitteln: hier ruft ein äußerst interessanter und ungewöhnlicher Schauspieler an.

9. Verschicken Sie gezielt Postkarten, aber nicht zu Weihnachten, da machen das alle, sondern z.B. zum Frühlingsanfang, wünschen Sie einen schönen Frühlingsanfang und sagen Sie, dass Sie große Lust haben zu drehen. Sie werden sicher auffallen und positiv in Erinnerung bleiben! Ähnlich gehen Sie mit Visitenkarten um. Erstellen Sie sich Visitenkarten (gibt es kostenlos z.B. bei www.vistaprint.de) und schreiben den für Sie wichtigsten Filmschaffenden einen persönlichen Brief. Legen Sie jedem Brief drei Ihrer Visitenkarten bei und bitten den Empfänger Sie weiterzuempfehlen. **Postkarten & Co.** sind ein wirksames Mittel, um aufzufallen. In einer Zeit, in der zunehmend elektronische Post in Form von Emails geschrieben wird, sind solche persönlichen Grüße eine Besonderheit.

10. Studieren Sie möglichst verschiedene **Vorsprechrollen** ein. Gestalten Sie eine Soireé. Laden Sie Filmschaffende und Freunde Ihrer Wahl dazu ein.

11. Bilden Sie zahlreiche **Netzwerke**. Kommunizieren Sie. Vernetzen Sie sich. Werden Sie Teilnehmer in den verschiedensten Weblogs, Portalen, Foren und Interessenvereinigungen. Diskutieren Sie. Gründen Sie eine eigene Plattform. Es gibt Plattformen wie *Xing* (www.xing.com), die viele Filmschaffende intensiv nutzen, um sich auszutauschen.

12. Treten Sie dem **Bundesverband** der Film- und Fernsehschauspieler BFFS (www.bffs.de) oder anderen für Sie vorteilhaften Interessenverbänden für Filmschaffende bei. Bringen Sie sich ein. Bieten Sie Ihre ehrenamtliche Mitarbeit an.

13. Holen Sie sich so viel wie möglich an **Insiderinformationen**. Machen Sie ein Praktikum in einer Schauspielagentur, in einem Castingbüro, bei einem Fernsehsender oder einer Filmproduktion.

14. Ordnen Sie Ihre **Prioritäten** und handeln danach. Bitte sortieren Sie die folgenden 10 Begriffe auf einem Blatt Papier spontan, nach der Dringlichkeit und Bedeutung, die sie für Ihre Karriere

haben und fangen heute noch mit der Umsetzung des wichtigsten Punktes an. Nehmen Sie vorerst nur diesen einen wichtigen Punkt in Angriff, der an erster Stelle Ihrer Liste steht. Falls Sie sich nicht sicher sind wie Sie eine Zuordnung vornehmen sollen, fangen Sie mit dem Punkt an, der am schwächsten vorhanden ist. Die anderen Punkte sollten später auch folgen:

- Netzwerke
- Fotos[2]
- Promotouren
- Demoband
- Rollenprofil
- Vision
- Selbstvertrauen
- Aus- und Fortbildung
- Selbstverantwortung
- Disziplin

15. Gründen Sie eine **Trainingsgruppe** mit Schauspielerkollegen. Laden Sie Regisseure ein mit Ihnen zu arbeiten bzw. Casting Directors oder andere

---

[2] Alle notwendigen Informationen zu Fotos, Demoband, Rollenprofil und Promotouren finden Sie in meinem Buch „Der erfolgreiche Weg ins Film- und Fernsehgeschäft – Praxishandbuch für Schauspieler."

Filmschaffende beim Schauspieltraining vorbeizuschauen.

16. Fokussieren Sie sich auf Ihre **Stärken**. Lassen Sie alles weg, was Sie auf dem Weg zum Erfolg aufhält. Wenn Sie ein erfolgreicher Schauspieler werden wollen, lassen Sie den Tanzunterricht weg. Gehen Sie zum Kameratraining! Tanzunterricht können Sie immer noch nehmen, wenn dies für die Rolle erforderlich sein sollte. Statt japanisch zu lernen, verbessern Sie Ihr Englisch, das ist in internationalen Produktionen Setsprache. Statt Urlaub machen Sie gute Schauspielerbilder.

17. **Bleiben Sie sich treu!** Ihre eigene Meinung ist entscheidend. Es ist Ihre Karriere, wenn Sie die Schauspielerfotos oder die Demobandszene nicht gut finden, dann lassen Sie sich nicht vom Gegenteil überzeugen, nur weil es vielleicht in dem Moment einfacher erscheint. Bestehen Sie auf einer verbesserten Variante! Sie halten den Kopf dafür letztendlich hin. Nicht der Fotograf und nicht die Produktion. Ihr Name steht auf dem Cover oder dem Bild. Ihre Karriere hängt davon ab!

18. Machen Sie gute **Schaupielerfotos** bei einem Fotografen. Bitte nicht die beste Freundin bitten, Sie mal eben abzulichten. Der Schuß geht nach hinten los. Garantiert! Sparen Sie wo Sie können, aber bitte nicht hier! Ein gutes Foto ist immer ein Hingucker, ein Blickfang. Die einzige Aufgabe, die ein gutes Schauspielerfoto hat, ist: Interesse hervorzurufen. Mehr nicht. Mehr kann ein Foto auch nicht. Was kann Ihnen besseres passieren, als dass jemand Sie auf Ihrem Foto interessant findet und mehr über sie erfahren will? So öffnen sich Türen.

19. Sie haben kein Geld, brauchen aber Fotos, ein Band oder Unterricht?! Bieten Sie ein **Tauschgeschäft** an. Es geht hier um eine Win-win-Lösung. Beide Seiten sollten von dem Deal profitieren. Wenn Sie Unterricht oder eine Dienstleistung wie ein Fotoshootig, den Demobanddreh oder ein Coaching brauchen, aber nur wenig bis gar kein Geld haben, müssen sie etwas anderes anbieten. Seien Sie kreativ. Bieten Sie dem Dienstleister zum Beispiel Babysitting oder Dogwalking, Hilfe im Büro, Mithillfe beim Umzug oder Renovieren, Freikarten zu Ihrer Lesung oder Theateraufführung, Rotwein

und/oder ein leckeres selbstgekochtes Drei-Gänge-Menü an. Egal was, schlagen Sie etwas vor. Appellieren Sie an diese Person. Machen Sie unmissverständlich deutlich, warum der Unterricht/die Dienstleistung so wichtig für Sie ist. Auch schadet es nicht, wenn Sie sagen, dass Sie gute Werbung machen werden und seine Arbeit überall weiterempfehlen werden. Auch ist es ratsam nicht gerade zum teuersten Dienstleister der Stadt mit diesem Vorhaben zu gehen. Suchen Sie sich jemand aus, der noch nicht so lange im Geschäft ist und der selbst noch Referenzen braucht. Suchen Sie sich jemanden aus, dem es Spaß macht zu verhandeln. Spaß ist wichtig dabei. Dadurch wird es wesentlich leichter für beide Seiten.

20. Vergessen Sie den Satz: das geht nicht. Alles, was man nicht versucht, ist **unmöglich!**

21. Bauen Sie Ihre Karriere schrittweise auf! **Step by step.** Sie brauchen auch nicht sofort ein Demoband, wenn Sie sich eine professionelle Produktion momentan nicht leisten können. Gute Fotos genügen für den Anfang. Es gibt etliche Casting Directors und

Produktionen, die Ihnen auch ohne Demoband eine Chance geben. Natürlich bekommen Sie ohne Demoband nicht gleich eine Hauptrolle, aber eine Tagesrolle bzw. kleine Sprechrolle ist schon drin. Das Geld, das Sie dort verdienen investieren Sie in Ihr Demoband und in nichts anderes! Mit Ihrem Demoband kommen Sie dann auch für größere Rollen in Betracht. Gehen Sie systematisch vor. Das Geld, das Sie verdienen geben Sie für Ihr Material und Promotouren aus. Wenn Sie es jedoch verpulvern, bleiben Sie bei den kleinen Rollen. Das wollen Sie doch nicht, oder?

22. Was unterscheidet einen erfolgreichen von einem nicht erfolgreichen Schauspieler? Die Antwort ist simpel. Der Schauspieler, der Erfolg hat, hat einfach angefangen. **Anfangen** ist der zentrale Unterschied zwischen denen, die es probieren und dadurch Erfolg möglich wird und denen, die nur davon träumen und nichts dahingehend unternehmen. Jeder Marathonlauf hat mit dem ersten Schritt begonnen. Jede Filmkarriere braucht auch den ersten Schritt, den Sie machen müssen, um Ihr Ziel real werden zu lassen. Machen Sie Ihren ersten Schritt. Sie müssen auch

nicht gleich alles erreichen. Ein erster Schritt genügt schon. Dann noch einer und noch einer. Fangen Sie jetzt an!

23. Schreiben Sie ein Buch. Dabei spielt es keine Rolle, ob Sie ein Drehbuch, Roman, ein Gedichtband oder eine Autobiografie schreiben. Es geht um die PR. Die **Aufmerksamkeit**, die Sie damit erzeugen können ist unbezahlbar.

24. Stellen Sie sich kostenlos als **Anspielpartner** bzw. Spielpartner für diverse Demobandproduktionen zur Verfügung. Statt Lohn verlangen Sie eine Kopie der Szene für Ihr eigenes Demoband. Vielen Schauspielern fehlt oft ein Anspielpartner.

25. Rufen Sie in **Castingbüros** an und bieten ebenfalls Ihre Möglichkeit als tollen Anspielpartner an, der beim Casting kostenlos aushilft. Viele Caster bitten oft einen eingeladenen Schauspieler, die Szene mehrfach mit verschiedenen Schauspielern zu spielen. Bieten Sie Ihre Lust dazu von sich aus an und Sie werden Teil des Castings ohne für eine spezielle Rolle eingeladen worden zu sein. So manches Mal schon hat der Anspielpartner die Rolle bekommen bzw. können Sie den Caster

überzeugen, dass Sie gut sind. Sicher werden Sie dann selbst demnächst zum Casting eingeladen.

26. Schreiben Sie, möglichst überzeugend, Ihren **Lieblingsregisseur** oder Ihren Lieblingsschauspieler an. Bitten Sie um ein Kennenlernen. Gründen Sie ggf. einen Fanclub und fragen erneut an. Interviewen Sie denjenigen nach seinem Erfolgsrezept.

27. Betrachten Sie **Nebenrollen** als Hauptrollen! Manche Nebenrolle hat dem Schauspieler mehr Anerkennung eingebracht, als dem Hauptdarsteller die Hauptrolle. Nebenrollen sind wichtig. Betrachten Sie jeden Film als sei es Ihr Film.

28. Gleiches zieht gleiches an. Negative Gedanken ziehen weitere negative Gedanken an. Wenn Sie eine negative Einstellung zu sich oder Ihren Aussichten auf Erfolg haben, werden Sie mit Sicherheit genau das erleben. Die Art wie Sie denken, reden, handeln und sogar träumen, bestimmt Ihr Leben. Ihr gegenwärtiges Leben ist das Ergebnis Ihrer vergangenen Gedanken. Das Gesetz das wirkt, heißt **das Gesetz der Anziehung**. Achten Sie daher

auf Ihre Gedanken und Aussagen, denn Sie bestimmen Ihr Handeln und Ihre Zukunft. Denken Sie positiv!

29. Etablieren Sie einen **Jour Fixe** oder einfacher gesagt, gründen Sie einen Schauspielerstammtisch. Laden Sie monatlich oder quartalsweise in Ihr Lieblingsrestaurant ein. Essen und Trinken zahlt jeder selbst. Sie schaffen nur den Rahmen um die Begegnung der unterschiedlichsten Filmschaffenden zu ermöglichen. Laden Sie jeweils einen „Stargast“ ein. Das könnte ein Casting Director, Fotograf, Maskenbildner, Regisseur, Schauspieler, Kameramann, Redakteur, Medienanwalt, Steuerberater für Künstler etc. sein.

30. Nehmen sie grundsätzlich nur **Ratschläge** von Personen an, die erfolgreicher sind als Sie selbst. Hören Sie nicht (mehr) auf Neider, Konkurrenten oder Menschen, die Ihnen nicht wirklich wohlgesonnen sind.

31. Rufen Sie **den erfolgreichsten Agenten** an den Sie kennen und überzeugen diesen davon, dass es Spaß macht und sich lohnt mit Ihnen zu arbeiten.

32. Achten Sie auf Ihren inneren **Rhythmus**. Angenommen Sie sind eher der *Abend-Typ*, das heißt Sie haben Ihre leistungsfähigsten Phasen eher am Abend und nicht am Morgen wie beim *Morgen-Typ*, und müssen morgens um neun zum Hauptrollencasting. Sie werden mit Sicherheit nicht die gleiche Leistung abliefern können wie zu Ihrer persönlichen „Hoch"-Zeit. Manchmal lässt sich ein Termin nicht verschieben oder verändern. Wenn Sie können achten Sie aber darauf und wählen den Termin nach Ihren stärksten Zeiten. Der Unterschied Ihrer Präsenz und Kraft kann ausschlaggebend sein. Ganz gut zu sein, ist meist nicht ausreichend. Kraftvoll und wach zu sein, sind ideale Voraussetzungen, um die Rolle zu bekommen. Finden Sie heraus, wann Sie am leistungsfähigsten sind und planen dieses Wissen mit in Ihren (beruflichen) Alltag ein.

33. Erhöhen Sie Ihr **Arbeitspensum**. Überlegen Sie sich täglich drei Punkte, die Ihre Situation verbessern könnte und setzten Sie diese um bzw. befolgen Sie täglich einen meiner Erfolgstipps und Sie werden binnen drei Monaten ungeahnte Fortschritte machen.

34. **Machen Sie mehr** als die anderen. Andere gehen feiern oder fahren in den Urlaub und liegen faul in der Sonne. Gehen Sie zum Schauspieltraining, Casting oder Coaching.

35. Entwickeln Sie **Marktbewusstsein**. Sie sind mehr als ein Schauspieler. Sie sind eine Marke. Machen Sie deutlich, was an Ihnen außergewöhnlich ist. Bauen Sie ein interessantes Umfeld um sich herum auf. Das kann für weitere Aufmerksamkeit sorgen.

36. **Engagieren Sie sich** ehrenamtlich für eine gute Sache. Jedoch nicht allein des guten Rufes wegen, sondern weil die Welt Menschen braucht, die sich dafür einsetzen, dass manche Missstände besser werden. Natürlich ist es auch vorteilhaft, wenn an geeigneter Stelle über Sie berichtet wird oder Sie selbst davon berichten können. Es ist nichts Verwerfliches daran sich für eine gute Sache einzusetzen und dafür etwas PR zu bekommen. Die PR ist bald wieder vergessen, die gute Sache bleibt aber bestehen.

37. Fragen Sie sich bitte ernsthaft, ob es noch andere Möglichkeiten für Sie gibt als Schauspieler zu sein. Wenn das so

ist, dann finden Sie heraus warum diese **Alternative(n)** für Sie interessant sind. Wenn Sie den Beruf des Schauspielers z.B. des vielen Geldes wegen ausüben wollen, das man verdienen kann (Tagesgagen von mehreren Tausend Euros sind bei bekannteren Schauspielern mölglich), dann gibt es bessere Alternativen, z.B. in der Wirtschaft oder als Unternehmer. Schauspieler können diese Gagen bekommen, meist aber eher unregelmäßig. Damit relativiert sich der hohe Verdienst sehr schnell wieder.

38. Gewöhnen Sie sich an **schwierige Situationen**. Ein erfolgreicher Schauspieler zu werden ist nicht gerade einfach. Es zu bleiben noch weniger. Betrachten Sie die Schwierigkeiten, die sich Ihnen in den Weg stellen, als Herausforderungen, die es zu meistern gilt und an denen Sie wachsen werden. Dahinter liegt das Ziel.

39. **Verhandeln Sie alles.** Nehmen Sie nichts so stillschweigend hin wie es ist. Der Preis fürs Fotoshooting ist zu hoch? Die Gage zu niedrig? Handeln Sie. Verhandeln Sie den Preis. Nichts ist in Stein gemeißelt. Alles ist

Verhandlungssache. Probieren Sie es wenigstens. Fragen kostet nichts. Wenn Sie dabei charmant vorgehen, wird es Ihnen vermutlich gelingen den Preis zu drücken oder die Gage zu erhöhen. Wenn der Preis partout nicht zu reduzieren ist, fragen Sie nach weiteren Extras wie z.B. eine kostenlose Bildnachbearbeitung oder Abzüge ohne Aufpreis. Hartnäckigkeit ist dabei wichtig. Sie sind nicht geizig, sondern Sie haben nichts zu verschenken. Das Geld, das Ihnen zur Verfügung steht, sollten Sie so gewinnbringend und effektiv wie möglich ausgeben.

40. **Trainieren Sie!** Ich kenne einen chinesischen Klavierspieler, der 7-8 Stunden am Tag Klavier übt. Er sitzt in einer schalldichten Kabine, wo ein Konzertflügel steht und er übt. Kein Tageslicht, kein Außen, nur Klavierspielen. Allein mit den Noten und seiner Liebe zur Kunst. Der Mann ist auf dem Weg ein bekannter Konzertpianist zu werden. Der Preis ist hoch, aber notwendig. Wenn Sie nicht genügend Zeit in Ihren Beruf investieren und Ihr Handwerk verfeinern, wie wollen Sie dann außergewöhnlich werden? Ein gewöhnlicher Schauspieler zu sein,

reicht leider nicht aus, um sehr erfolgreich zu werden. Geben Sie mehr. Geben Sie alles!

41. Eine Karriere aufzubauen ist ein **Langstreckenlauf**! Sind Sie mal länger als zwei Stunden am Stück gelaufen? Dann wissen Sie bereits was passiert. Irgendwann kommt der Körper an den Punkt, wo er nicht mehr möchte und sagt: ich laufe keinen Meter weiter. Der Körper will nicht mehr, aber das Ziel ist noch nicht erreicht und liegt vor Ihnen. Nun kommt es auf Ihre mentale Stärke an. Jetzt muss der Kopf sagen: mach weiter, das Ziel ist erreichbar! Wenn Sie keine ernsthaften körperlichen Probleme haben, müssen Sie weiterlaufen, um das Ziel zu erreichen. Es gibt keine Alternative. Sie müssen sich ganz schön anstrengen und es kostet viel Mühe und Schweiß. Nur so können Sie Ihre Ziele erreichen. Ein erfolgreicher Schauspieler zu werden erfordert mindestens die mentale Stärke eines Langstreckenläufers. Oder was machen Sie, wenn das erste, zweite, dritte oder wievielte Casting auch immer (noch) nicht zum gewünschten Erfolg führt? Aufgeben?! Damit sind Sie aber raus aus dem Rennen. Bleiben Sie dran. Halten Sie

durch und stellen Sie sich von vorn herein auf einen Langstreckenlauf ein.

42. Hören Sie auf zu jammern! Sofort! Es ist vielleicht einfacher zu jammern statt sich ernsthaft Gedanken zu machen, wie sich die Karriere aufbauen lässt. Ich kenne keinen einzigen Schauspieler, der erfolgreich ist oder gerade wird und sich viel beklagt. Ganz im Gegenteil. Selbst die größten Anstrengungen werden bei bester Laune ausgeführt. Weil es einfach **Spaß** macht! Wenn Ihnen der Beruf keinen Spaß machen sollte, warum wollen Sie ihn dann ausüben? Egal, was Sie machen, es gilt folgender Grundsatz: Wenn Sie Spaß haben, haben alle um Sie herum Spaß. Wenn nicht, dann will irgendwann keiner mehr mit Ihnen arbeiten!

43. Spielen Sie **Straßentheater**. Eine hervorragende Methode, die es Ihnen ermöglicht herauszufinden, was ankommt beim Publikum. Das Publikum auf der Straße geht einfach weiter, wenn Sie nicht unterhaltsam sind oder wirft Geld in Ihren Hut und schaut Ihrem Spiel eine zeitlang zu. Sie können sich ausprobieren und testen was das Publikum sehen will. Probieren Sie es aus! Es ist eine ehrliche Schule.

44. Finden Sie Ihre **Marktlücke** oder anders gesagt, werden Sie für die Filmschaffenden klar unverwechselbar. Wenn Sie beispielsweise jung, blond und gutaussehend sind, ist das sicher von Vorteil. Aber es gibt bestimmt 500 weitere potenzielle Mitbewerber, die auf dieses Rollenprofil passen könnten. Das ist weniger von Vorteil für Sie. Daher müssen Sie folgende Frage beantworten: Warum soll jemand mich buchen und nicht meine Konkurrenz? Die Antwort führt zur Einzigartigkeit Ihrer Person. Einen Schauspieler wie Sie gibt es nicht ein zweites Mal. Jetzt müssen Sie diese Tatsache nur noch für andere sichtbar machen!

45. Die beste und preiswerteste Werbung für Sie als Schauspieler ist und bleibt **Mundpropaganda**. Filmschaffende tauschen sich selbstverständlich intensiv über Schauspieler aus, mit denen man gern zusammenarbeitet und auch solchen mit denen es eher zum Davonlaufen ist. Achten Sie daher darauf, dass Sie nicht zur letzteren Kategorie gehören. Das wäre für eine langfristige Karriere das Ende. Auch beschränkt sich diese Haltung nicht nur auf die Dreharbeiten selbst, sondern

gilt für alle Begegnungen mit Filmschaffenden, dazu gehört die Maskenbildnerin ebenso wie der Casting Director, Agent, Beleuchter, Kameramann, Filmgeschäftsführer oder die Leute vom Catering. Also eigentlich alle, die mittelbar oder unmittelbar mit Schauspielern zu tun haben bzw. mit denen Sie zu tun haben!

46. Beginnen Sie den Tag mit der Tageszeitung. Studieren Sie alles was für Sie als Schauspieler interessant sein könnte und schneiden bzw. „schnippeln" es aus. **Schnippel-Marketing** ist einfach und effektiv. Alle Meldungen in denen Personen oder Unternehmen vorkommen, die für Sie interessant sein könnten, schneiden Sie aus, kleben diese Zeitungsmeldungen auf einen Briefbogen, schreiben einen überaus charmanten Kommentar dazu und schicken den Brief an die betreffende Person oder das Unternehmen. Die Erfahrungen von Schnippel-Marketing-Erfinder Günter Bittner sind durchaus beeindruckend. Von zehn verschickten Briefen bekommt man mindestens fünf Rückmeldungen. Wenn Sie von den Angeschriebenen nichts hören, rufen Sie ein paar Tage später an. Man wird

sich bestimmt an Sie erinnern. So haben Sie mit minimalem Aufwand einen neuen Kontakt hergestellt.

47. Entwickeln Sie Ihr **Selbstvertrauen**! Als ich Agent werden wollte und ich mein Vorhaben meinem Umfeld mitteilte, waren die Reaktionen alles andere als aufmunternd. Ich war Schauspieler, der vom Agenturgeschäft kaum Ahnung hatte. Genau das sagte mir mein Umfeld auch: „Frank, du hast doch davon keine Ahnung!“ Ja, stimmt(e)! Aber wer sagt denn, dass man sich die Kenntnisse, die erforderlich sind, um seine eigenen Wünsche zu verwirklichen, nicht aneignen kann? Ich bin jetzt fast zehn Jahre selbstständiger Agent. Stellen Sie sich mal bitte vor, ich hätte auf mein Umfeld gehört. Ich wusste, dass ich das kann und habe mich nicht beirren lassen. Wenn Sie einen Plan für Ihre Karriere haben, gibt es nur einen guten Rat: MACHEN SIE ES! Niemand weiß besser als Sie, was Sie können.

48. Auf dem Weg zum erfolgreichen Schauspieler werden Sie den einen oder anderen Stein in den Weg gelegt bekommen. Die Konkurrenz ist groß und nicht alle werden Ihnen Ihre ersten

Erfolge gönnen. Rechnen Sie mit **Widerstand**. Aus Steinen kann man Brücken bauen, die Sie zu neuen Ufern bringen können. Lassen Sie sich nicht von Ihrem Weg abbringen. Es ist ein Zeichen dafür, dass Sie auf dem richtigen Weg sind, wenn Sie jemand davon abbringen möchte. Die meisten Menschen mögen es nicht besonders, wenn man erfolgreicher ist als sie selbst.

49. Sie brauchen Kameraunterricht oder eine neue Demobandszene? Manchmal führt kein Weg daran vorbei und man muss Geld auf den Tisch legen, damit die anderen sich bewegen und dass machen, was man gern hätte. Aber gehen Sie so geschickt wie möglich vor. Wenn es schon sein muss, dass Sie ein paar Talerchen ausgeben, dann möglichst zum für Sie **günstigsten Zeitpunkt.** Machen Sie doch gute Studiofotos im Januar oder Februar. Das Gleiche gilt fürs Demoband. Die Branche liegt noch im Winterschlaf. Jeder Dienstleister freut sich, wenn er da was zu tun hat. Nutzen Sie diesen Vorteil aus und drücken den Preis oder holen Extras raus, wie z.B. drei Szenen zum Preis von zwei.

50. Das Casting in München, was Ihnen möglicherweise, einige Drehtage oder sogar eine Hauptrolle einbringen könnte, möchten Sie gern machen. Alles scheitert nur gerade am Geld. Wie nach München kommen, wenn man in Berlin wohnt? Per Anhalter? Zu Fuß? Flieger? Leider zu teuer. Die anderen Alternativen sind auch nicht gerade berauschend? Was also tun? Sorgen Sie vor. Hört sich vielleicht altbacken an, ist aber der einzige Weg wichtige und einmalige Chancen wahrzunehmen. Sparen sie jede Woche fünf Euro. Das sind zwei Tassen Cappuchino weniger oder eine Packung Zigaretten. Legen Sie diese fünf Euro pro Woche unbedingt zur Seite. So bekommen Sie im Laufe der Zeit ein **Arbeitsbudget** ohne Anstrengung oder größere Entbehrungen. Von dem Geld können Sie zu Castings reisen oder alle Zwei Jahre neue Fotos machen. (Öfter sind diese auch nicht nötig.) Sorgen Sie dafür, dass Ihr Erfolg nicht an der Anreise oder neuen Bildern scheitern kann!

51. Nicht wenige Schauspieler bekommen **staatliche Unterstützung.** Je nach persönlichem Überzeugungstalent bekommt man Extras bezahlt. Ich kenne

Schauspieler, die haben teure Workshops, Reisekosten, Fotos und sogar Demobandproduktionen bezahlt bekommen. Rücken Sie der Dame oder dem Herrn vom Amt ruhig auf die Pelle und machen Ihr Anliegen dringlich. Nur nicht aufgeben, weil es nicht sofort klappt. Nerven Sie ruhig. Geben Sie nicht auf, bis Sie bekommen, was Sie möchten. Dieser Rat gilt nicht nur gegenüber den Herrschaften vom Amt, sondern generell!

52. Erwarten Sie keine **Gerechtigkeit**. Das Film- und Fernsehgeschäft ist nicht der Ort, um mit Höflichkeit und gutem Benehmen allein erfolgreich zu werden. Es wird mit harten Bandagen gekämpft. Fairplay ist leider nicht immer an der Tagesordung. Stellen Sie sich darauf ein. Kämpfen Sie. Seien Sie besser, schneller und beliebter. Sie haben Ellenbogen, Nutzen Sie diese. Sich hinterher zu beklagen, dass die oder der andere die Rolle bekommen hat, ist sinnlos. Lassen Sie keine Zweifel aufkommen, dass Sie die Rolle wollen.

53. Was ist Ihre beste und preiswerteste Werbung? **Ihr Ruf!** Nichts kann Ihre Karriere mehr fördern oder auch behindern als Ihr Ruf. Passen Sie auf

diesen auf, wie auf das Wertvollste, was Sie besitzen. Vergessen Sie den dummen Spruch, ist der Ruf erst... na, Sie wissen schon. Nein. Niemals. Sie wollen einen absolut beeindruckenden Ruf. Schön, wenn er Ihnen vorauseilt und man Ihnen nichts Negatives nachsagt. Sie sind ein Profi. Durch und durch. Sie sind gut und schnell und unkompliziert, belastbar, beklagen sich nicht. Das ist der Stoff aus dem Karrieren entstehen. Wir sind nicht in Hollywood. Sehr oft zu heiraten reicht hierzulande nicht aus, um einen unvergesslichen Ruf zu bekommen.

54. Geben Sie grundsätzlich **mehr als Sie müssen**! Das wird dazu führen, dass man Sie weiterempfiehlt. Beharren Sie z.B. nicht auf den fünf Euro Spesengeld oder die halbe Stunde Overtime beim Drehen. Dafür wird man Sie ansonsten für kleinlich halten und das ist nicht gerade der Ruf, den Sie brauchen.

55. Gehen Sie dort hin, wo Film und Fernsehen entsteht. Wechseln Sie ggf. Ihren Wohnort, Ihr **Umfeld** oder Ihren Bekanntenkreis, wenn Sie nicht zufrieden sind mit Ihrer Situation. Falls Sie auf dem Land leben, wäre es durchaus ratsam etwas näher ans Film-

und Fernsehgeschäft ranzurücken. Gehen Sie in eine der Filmmetropolen, wie Berlin, Hamburg, Köln oder München, zumindest besuchen Sie diese Orte des Öfteren mit diesem Anliegen. Da ist es einfacher Kontakte oder sogar Freundschaften mit Filmschaffenden aufzubauen und zu pflegen. Ihr Umfeld ist sehr wichtig. Es kann Sie motivieren oder auch bremsen. Lassen Sie sich nicht von anderen aufhalten. Gehen Sie Ihren eigenen Weg!

56. Verlassen Sie Ihre **Komfortzone**! Es gibt ein unumstößliches Gesetz, dass sich nicht umgehen lässt, wenn man erfolgreich sein möchte. Das Gesetz kennen Sie, aber sind Sie auch bereit dafür? Ich meine, wirklich bereit. Ohne Ausflüchte? Das universelle Gesetz lautet: Alles hat seinen Preis! Wann bezahlt man den Preis? Die Antwort heißt: Vorkasse! Sie müssen erst etwas ausgeben, um später etwas zurück zu bekommen. Was ist der Preis für Wohlstand und Erfolg? Arbeit, Fleiß, Verzicht, Überwinden aller möglichen Ängste, Mut, Risikobereitschaft, Erlernen von neuen Fähigkeiten, Disziplin, Training, große Leistungen, neue Wege ausprobieren, mehr machen als der Durchschnitt und noch

sicher einige andere Punkte mehr. Sie sehen, Sie bekommen nichts geschenkt. Erfolg ist das Ergebnis einer Vielzahl von Anstrengungen. In der Komfortzone, die so vertraut ist, wird sich Erfolg nicht einstellen.

57. Lieber **vertrautes Elend** als unbekanntes Glück. So oder so ähnlich richten sich viele Menschen ihr Leben ein. Wenn Sie als Schauspieler unzufrieden sind, dann sollten Sie daran etwas ändern. Auch wenn aller Anfang schwer ist, geben Sie sich selber einen Ruck und fangen an Ihr Leben selbst zu gestalten. Sie sind der Regisseur Ihres eigenen Lebens. Kein anderer. Los! Auf geht's. Übernehmen Sie wieder das Kommando.

58. Marketing ist mehr als eine Verkaufsstrategie. Marketing meint auch die Art wie Sie denken oder was Sie glauben. Denn danach werden Sie handeln. Deswegen ist es sehr wichtig, dass Sie Ihre Überzeugungen, Ihre Glaubenssätze und Ihre Einstellungen überprüfen. Angenommen Sie sind davon überzeugt, dass Sie niemals die Hauptrolle in einem Kinofilm bekommen werden, dann werden Sie mit Sicherheit niemals eine solche

Hauptrolle erhalten. Das nennt man **selbsterfüllende Prophezeiung**. Diese Art zu denken, ist sehr hinderlich für Sie. Niemand weiß, welche Projekte einem in Zukunft angeboten werden. Die Option in Betracht zu ziehen, dass eine Hauptrolle für Sie möglich ist, ist der wesentliche Unterschied zwischen demjenigen, der die Rolle bekommt und demjenigen, der sie nicht bekommt. Wer hat wohl die besseren Chancen, diesen Traum jemals zu verwirklichen?! Na sehen Sie, die Antwort ist doch klar! Glauben Sie an Ihre Möglichkeiten. Diese Art zu denken, ist die Grundlage Ihrer Karriere.

59. Viele Schauspieler haben weniger Angst vor dem eigenen Misserfolg, sondern paradoxerweise Angst vor dem Erfolg. Das ist allerdings auch nur allzu gut verständlich, in Anbetracht der notwendigen Überwindung von einer Vielzahl von Ängsten, die Erfolg auslösen kann. Mit welcher Art von Ängsten sehen sich erfolgreiche Schauspieler konfrontiert? Mit der Angst nicht gut genug zu sein, der Rolle nicht gewachsen zu sein, dem Druck nicht standhalten zu können, dem eigenen Anspruch nicht zu entsprechen,

den Erwartungen der anderen nicht zu genügen und noch viel mehr. Es ist nicht leicht erfolgreich zu sein und zu bleiben. Die eigenen **Ängste** zu überwinden ist Arbeit, braucht Mut und Selbstvertrauen. Die Überwindung der eigenen Ängste ist ein Teil des Erfolges. Falls Sie Ängste bei sich selber bemerken, ist das kein Grund aufzugeben. Sie können Ihre Ängste überwinden. Erfolg selbst hat zwei Seiten, er kann Ihnen auch Bestätigung geben, um Ihre Befürchtungen zu überwinden.

60. Das Film- und Fernsehgeschäft ist ein schnelles Geschäft und doch braucht man viel Zeit, um sich dort zu etablieren. Ein Paradoxon. Gewöhnen Sie sich an, alles was zu erledigen ist, so schnell wie möglich zu machen. Ein Casting Director möchte Fotos oder ein Demoband von Ihnen? Überraschen Sie. Bringen Sie es am besten gleich vorbei oder stecken es am selben Tag noch in die Post. **Schnelligkeit** an der richtigen Stelle ist Gold wert. Wenn Sie ein Drehbuch zum Lesen bekommen, lesen Sie es sofort. Lassen Sie sich nicht lange bitten. Rufen Sie Ihren Agenten oder die Filmproduktion so schnell wie möglich zurück. Sie

bekommen eine Rolle angeboten und wissen nicht, ob Sie die annehmen sollen? Entscheiden Sie sich und handeln. Seien Sie schneller als die anderen!

61. Bleiben Sie **ein Lernender**. Man sagt, Charlie Chaplin, als er schon längst berühmt war, hat sich mit ins Publikum gesetzt, um die Reaktion der Zuschauer auf seine Filme zu beobachten. Haben Sie gelacht, an den Stellen, an denen es vorgesehen war? Haben sie überhaupt gelacht? Oder haben Sie an ganz anderen Stellen reagiert oder blieben die Zuschauer stumm? Die Erkenntnisse hat er für seine weiteren Filme verwendet. Bleiben Sie offen, beobachten Sie den Markt, lernen Sie dazu.

62. **Absagen** gehören zum Geschäft. Wer nicht mit Absagen umgehen kann, hat es schwer als Schauspieler. Absagen sind nicht gleich ein Grund zu verzweifeln. Nicht immer sind die Gründe für eine Absage beim Schauspieler zu finden. Produktionen entscheiden sich auch für einen anderen Schauspieler, selbst wenn man ein gutes Casting absolviert hat. Die Gründe, warum man eine Rolle bekommt oder

nicht, können ganz unterschiedlich sein. Möglicherweise hat der Schauspieler den Regisseur an seinen Vater erinnert und die Rolle deswegen bekommen oder vielleicht hat der Schauspieler den Regisseur an seinen Vater erinnert und die Rolle deswegen nicht bekommen. Ein Grund zum Aufgeben ist eine Absage nicht. Nach dem Casting ist vor dem Casting. Eine neue Chance kommt, wenn man nicht aufgibt.

63. Manche Schauspieler sind zu meiner Überraschung **beratungsresistent**. Sie lassen sich nichts sagen, wissen alles, vor allem besser, sind Vollprofis im Geschäft. Leider nicht erfolgreich. Wie kommt das? Manche Schauspieler glauben, das Geschäft müsste sich Ihnen anpassen. Das wird nicht passieren. Passen Sie sich dem Geschäft an, ohne sich zu verbiegen. Das ist mal wieder ein Widerspruch. Einer von vielen in diesem Beruf. Es ist sicher auch nicht richtig, jedem der keine Ahnung hat, zuzuhören. Die Kunst besteht darin, hinzuhören, wenn es sich lohnt. Auf jeden Fall dann, wenn Sie Ihre Möglichkeiten erweitern können.

64. Entdecken Sie **neue Märkte.** Deutschland ist sicher ein interessanter

Film- und Fernsehmarkt. Jedoch können Sie Ihre Arbeitsmöglichkeiten durchaus erweitern. In unseren Nachbarländern wie Italien, Frankreich, Luxemburg oder Ungarn, um nur einige zu nennen, wird auch viel gedreht. Die (Arbeits-)Welt eines Schauspielers ist größer als sie zunächst erscheint. Ich weiß von einer Schauspielerin aus Bamberg, die in Indien Karriere macht und dort auf dem Weg ist ein Bollywood-Star zu werden. Ein anderer deutscher Schauspieler ist in Brasilien ein Star in einer Telenovela geworden. Erobern Sie sich neue Welten.

65. **Seien Sie wach**! Interessieren Sie sich für alles, was mit Schauspiel zu tun hat. Suchen Sie nach neuen Eindrücken und Impulsen für sich. Auch wenn Sie Film machen wollen, gehen Sie ins Theater! Beiben Sie offen für alle Arten des Spielens. Erweitern Sie Ihren Horizont.

66. Die Vorstellung der eigenen Möglichkeiten als Schauspieler sind nur ein Teil, dessen was Sie tatsächlich spielen können. **Erweitern Sie Ihr Rollenprofil**! Dadurch vergrößert sich der Markt für Sie und Sie bekommen mehr Rollenangebote.

67. Schaffen Sie sich möglichst einen **unterstützenden Hintergrund**. Schauspieler konkurrieren miteinander. Der Wind kann manches Mal ganz schön kalt sein, der Ihnen um die Nase wehen wird. Gut ist es, wenn Sie Verbündete in diesem Geschäft haben. Knüpfen Sie Kontakte zu den unterschiedlichsten Filmschaffenden. Pflegen Sie Beziehungen. Schaffen Sie sich einen Kreis von Vertrauten. Nicht selten haben viele Schauspieler niemanden mit dem Sie über Ihre beruflichen Themen offen und ehrlich sprechen können. Die beste Freundin, die nicht aus der Filmbranche kommt, ist leider nicht immer der richtige Ansprechpartner, um gute Ratschläge zu geben.

68. **Unentschlossenheit** ist ein echtes Hindernis, wenn Sie erfolgreich sein wollen. Manchmal fällt uns ein einfaches *Ja* oder ein klares *Nein* sehr schwer. Aus Angst die falsche Entscheidung zu treffen, treffen wir lieber keine. Das ist verständlich, nur hilft es Ihnen nicht weiter. Entscheiden Sie sich für oder gegen eine Sache. Selbst wenn Sie etwas falsch machen, können Sie daraus lernen. Sich nicht zu entscheiden oder die Chancen nicht wahrzunehmen, wenn Sie da sind, ist der größte Fehler überhaupt.

69. Nicht alle Filmschaffenden werden Sie mit offenen Armen empfangen. Manche werden Sie mehr mögen, manche weniger. Einige Türen bleiben vorerst verschlossen. Seien Sie deswegen nicht besorgt. Es gibt **offene Türen** für Sie. Gehen Sie dort entlang. Seien Sie auch nicht besorgt, wenn sich eine Tür mal schließt – dafür öffnet sich an anderer Stelle wieder ein Fenster!

70. **Fantasie** ist eines der wichtigsten Arbeitsmittel eines Schauspielers. Und das auch noch völlig kostenlos. Ihre Fantasie ist wesentlich für Ihre Karriere. Ihre Fantasie ist notwendig, um eine Vision Ihres Erfolges zu erschaffen. Die Vision ist notwendig, um Ihre Ziele zu bestimmen. Ihre Ziele wiederum sind notwendig, um Ihre Handlungen entsprechend auszurichten. Ihre Fantasie können Sie anregen, ob in der Natur, durch Literatur, Gespräche oder durchs Spielen selber. Ihre Fantasie ist die Ideenschmiede Ihres Lebens. Der Erfolg von morgen, entsteht heute - durch Ihre Fantasie.

71. **Erfolg ist kein Zufall**! Sicher kann es passieren, dass jemand eher zufällig ein erfolgreicher Schauspieler wird. Die Regel ist das allerdings nicht. Selbst wenn, wird er aber mit Sicherheit nicht zufällig einer bleiben, sondern nur durch sehr viel Arbeit. Wenn Ihnen Erfolg *zu-fällt*, dann weil Sie den Boden dafür vorbereitet haben. Alle Ihre Anstrengungen sind erforderlich, um Ihre Ziele zu verwirklichen. Zufall ist das Ergebnis aller Ihrer Bemühungen. Was Sie im Endeffekt erreichen, weiß vorher niemand. Gern wird das Ergebnis dann als Zufall hingestellt. Wenn Sie glauben, Erfolg wäre zufällig, nehmen Sie sich Ihre eigenen Chancen.

72. Sie haben eine Idee oder einen Gedanken?! Verwerfen Sie diese nicht gleich. Selbst, wenn sie noch so abwegig erscheinen mögen. Ungewöhnliche Denkansätze sind immer zunächst fragwürdig. Das ist ganz normal. Dennoch kann an Ihrem Gedanken etwas dran sein. Alle erfolgreichen Menschen hatten ungewöhnliche Ideen, die oft belächelt wurden oder gar schlimmeres. Stellen Sie sich mal vor, wie die Reaktionen gewesen sein müssen, als der erste Visionär der Menschheit, davon geträumt hat, auf

den Mond zu fliegen. Oder Kopernikus, der die Theorie (Idee) aufstellte, dass sich die Erde und alle anderen Himmelskörper um die Sonne bewegen und nicht die Erde der Mittelpunkt unseres Planetensystems ist. Nicht wenige hielten ihn zunächst für einen Narr! Heute wissen wir, dass er Recht hatte. Achten Sie weniger auf das was andere sagen. Hören Sie auf **Ihre eigene Stimme**! Glauben Sie an Ihre Ideen!

73. Schon Platon wusste: „Ich kenne keinen sicheren Weg zum Erfolg, aber einen sicheren Weg zum Misserfolg: **Es jedem Recht machen** zu wollen.“ Versuchen Sie es gar nicht erst! Es jedermann Recht machen zu wollen, wird sich nur nachteilig für Sie auswirken. Sie verlieren Ihr Profil, Ihren Charakter und Ihre Glaubwürdigkeit. Manche Schauspieler haben dieses Unangepasstsein gepflegt und sind somit sehr aufgefallen. Finden Sie Ihre Form. Fallen Sie auf, wenn Sie möchten, passen Sie sich an, wenn Sie es für sinnvoll halten, aber bleiben Sie sich treu! Sie und kein anderer, sollte Ihre Entscheidungen treffen.

74. **Bilden Sie sich weiter**! Schauen Sie mal über den Tellerrand hinaus. Lesen Sie Bücher anderer Disziplinen. Sie sind eine *one-woman* oder *one-man-show.* Ein eigenes kleines Unternehmen. Eignen Sie sich interdisziplinäres Fachwissen an. Marketing, Wirtschaftskenntnisse Medienrecht, kaufmännisches Wissen, Psychologie, sowie Grundkenntnisse in Steuerangelegenheiten, Vertrags- und Arbeitsrecht können Ihnen sehr von Nutzen sein. Sie sind mehr als nur ein Schauspieler. Es ist auch immer gut, wenn man mitreden kann. So können Sie nicht so leicht über den Tisch gezogen werden.

75. **Vorurteile**. *Kino ist das Allergrößte! Dailys soaps sind der absolute Mist! Werbung behindert die Karriere!* Sicher haben Sie auch schon die eine oder andere Aussage gehört oder selbst geäußert. Nicht selten sagen Schauspieler, die diese Erfahrungen selbst gemacht haben, etwas anderes. Werbung zu drehen macht Spaß und wird meist gut bezahlt. Dailys sind eine ausgezeichnete Schule für denjenigen, der noch nicht soviel Dreherfahrung hat, und Kinodreharbeiten sind im Endeffekt auch nur Dreharbeiten, wie alle anderen Dreharbeiten und bringen

einem leider auch nicht immer den gewünschten Erfolg ein. Die Dinge relativieren sich, wenn man Sie selbst erlebt hat. Hören Sie nicht auf die Aussagen der anderen. Machen Sie Ihre eigenen Erfahrungen. Ihnen kann etwas großen Spaß bereiten, was jemand anderes ganz furchtbar fand.

76. Betrachten Sie Ihre Karriere als einen **Prozeß**. Es wird etwas dauern bis Sie bekannter sind. Es gibt viele Schauspieler und viel weniger Filmschaffende, die Ihnen Arbeit geben können. Daher sollten Sie von vorn herein etwas Geduld mitbringen. Ich finde einen Fünf-Jahres-Plan sehr sinnvoll. Innerhalb von fünf Jahren sollten Sie das Ziel anstreben ein bekannter und vielbeschäftigter Schauspieler zu werden. Ich halte diesen Zeitraum für relativ kurz, aber dennoch realistisch. In größeren Zeiträumen zu denken, wird schnell unüberschaubar. Schon Goethe wusste wie es läuft: Die Menschen wollen etwas sein – keiner will etwas werden. Werden Sie ein erfolgreicher Schauspieler. Geben Sie sich aber Zeit!

77. Sammeln Sie Ihre Ideen. Nicht wenige Menschen haben gute Ideen. Sie

verwerfen Sie aber, weil Sie glauben, das klappt eh nicht oder andere könnten das generell besser. Bringen Sie Ihre Ideen zu Papier. Legen Sie sich eine Box nur für Ihre Ideen an. In diese **Ideenbox** legen Sie die Zettel, auf denen Sie Ihre Ideen fixiert haben. Selbst wenn Sie momentan mit der Idee nicht arbeiten können oder wollen. Irgendwann kommt der Zeitpunkt, wo die Idee reif ist und Sie diese umsetzen können. Retten Sie Ihre Ideen vor dem Vergessen! Ein Schauspieler braucht Ideen. Alle Erfolgsgeschichten haben mit einer Idee begonnen.

78. Schreiben Sie ein **Erfolgsjournal**. Nehmen Sie sich ein kleines leeres Büchlein und machen es zu Ihrem persönlichen Erfolgsjournal. Dort schreiben Sie täglich fünf Dinge rein, die Ihnen gut gelungen sind. Im Laufe der Zeit wird sich dieses Büchlein mit kleineren und größeren Erfolgen füllen. Aber nicht nur das: Ihr Selbstvertrauen und Ihr Selbstwertgefühl werden wachsen. Beides ist enorm wichtig, um die Höhen und Tiefen, die der Beruf des Schauspielers mit sich bringt, zu verkraften. Woher soll die Kraft zum Weitermachen kommen, wenn Sie zu zehn Castings gegangen sind und zehn

Mal wurde Ihnen abgesagt? Ihr Erfolgsjournal wird Sie im Zweilelsfall daran erinnern, das Sie gut und einzigartig sind.

79. Bauen Sie **Ihr Talent** aus. Es ist schlimmer Talent zu vergeuden als es nicht zu haben. Talent muss gefördert und entwickelt werden. Tragen Sie Ihren Teil dazu bei. Seien Sie der Beste, der Sie sein können. Es wirkt beruhigend zu wissen, Sie haben alles getan, was Sie konnten.

80. Wovon Träumen Sie? Mal abgesehen von der herausfordernden Filmrolle. Was möchten Sie machen, wenn Sie erfolgreich sind? Was ist Ihnen persönlich wichtig? Reisen, fremde Länder kennen lernen, karitative Projekte unterstützen, Partnerschaft, Familie, ein Haus am Meer oder ein knallrotes Cabrio kaufen? Es sind Ihre Träume und Sie können Sie sich erfüllen. Fertigen Sie sich ein ganz persönliches **Visualisierungsboard** an. Visualisieren Sie Ihre Träume. Kleben Sie Bilder, die mit Ihren Träumen zusammenhängen auf einen großen Bogen Papier. Hängen Sie diese Bildcollage auf und werfen Sie jeden Tag ein Blick darauf. Somit sagen Sie

Ihrem Unterbewusstsein, was Ihnen wichtig ist. Ergänzen Sie es im Laufe der Zeit. Ihre Träume werden sichtbar und Sie werden sich selbst klarer, was Sie eigentlich antreibt.

81. Im Japanischen bedeutet das Wort *Krise* auch gleichzeitig *Chance*. Wenn Sie momentan unzufrieden mit Ihrer Situation sind, sich wohlmöglich in einer **Krise** befinden, ist es an der Zeit die Chancen darin zu erkennen und für sich zu nutzen. Ihre Unzufriedenheit kann Ihr Motor sein, der Sie antreibt. Zufriedenheit ist selten ein Antrieb etwas zu ändern. Legen Sie los. Warten Sie nicht ab. Unternehmen Sie etwas. Probieren Sie sich aus. Alles ist besser als nichts zu tun. Warten allein, wird Sie Ihren Zielen nicht näher bringen.

82. Verlieren Sie Ihre Ziele nicht aus den Augen! Wenn Sie ein erfolgreicher Schauspieler werden wollen, sollten Sie, um dieses Ziel zu erreichen, jeden Tag etwas dafür tun. Selbst wenn Sie nur jeden Tag eine Postkarte an einen Filmschaffenden verschicken, haben Sie innerhalb eines Jahres jeden wichtigen Filmschaffenden angeschrieben. Die **Kontinuität** Ihrer Bemühungen ist

für Ihren Erfolg wichtiger als einmalig einen großen Effekt zu erzielen.

83. Gehen Sie zum **Coaching**! Ein Coaching macht klar, ein Coaching macht stark, ein Coaching macht munter. Ein Coaching macht aber vor allem erfolgreich! Ein gutes Coaching ist ein Katalysator. Es wird Ihre Prozesse beschleunigen. Umwege und falsche Richtungen auf Ihrem Weg werden aufgespürt und korrigiert. Sie kommen einfacher und schneller an Ihr Ziel.

84. Ein chinesisches Sprichwort sagt: Selbst ein Tiger hält ein Schläfchen. Seien Sie ein Tiger! Halten Sie ein Schläfchen. Achten Sie auf Ihre **Pausen**. *Hansdampf in allen Gassen* zu sein, ist in der Regel kontraproduktiv.

85. Verbeißen Sie sich nicht in Ihre Ziele. Das erhöht den Druck. Ein Schauspieler der mit aller Macht eine Rolle will, wird Sie meist nicht bekommen. Die Kunst besteht darin etwas zu wollen und dabei entspannt zu bleiben. Die Wirkung eines entspannten Schauspielers, bitte nicht verwechseln mit unterspannt sein, ist viel größer. Einem Schauspieler, der aus sich heraus strahlt, schaut man gern zu. Einem

Schauspieler, der um und mit der Rolle kämpft, wird es schwerer haben. Achten Sie auf Ihre **Entspannung**! Es gibt vielfältige Angebote wie Meditation, Yoga und sonstige sportliche Aktivitäten. Finden Sie heraus, wo Sie am besten entspannen können.

86. **Gehen Sie Ihren Weg**. Ganz individuell, in Ihrem eigenen Tempo. Sie selber entscheiden allein, was Erfolg für Sie bedeutet. Das, was Sie als Erfolg betrachten, muss Ihrem Nachbarn nicht als ein solcher erscheinen. Sie sind das Maß aller Dinge in Ihrem Leben. Machen Sie sich auf zu Ihren Zielen! Machen Sie sich auf zu Ihrem Erfolg. Es gilt nämlich folgende Regel: *Erfolg kommt nicht zu Dir. Du gehst zu ihm.*

87. Wir leben spätestens seit der Erfindung des Internets und dem Fall der Berliner Mauer im **Kommunikationszeit-alter.** Es gibt kaum noch Grenzen in den Möglichkeiten, dafür aber zahlreiche neue Perspektiven. Zur Zeit der Industrialisierung war die Arbeitskraft das Kapital des Menschen. Das tägliche Brot hat der Arbeiter sich durch seine körperliche Arbeit verdient. Heute sind Ideen der Schlüssel zum Erfolg. Die reichsten

Männer und Frauen der Welt sind durch Ideen reich geworden. Zumindest war die Idee die Keimzelle des Erfolges. Garagen waren dabei scheinbar sehr wichtig. Bill Gates hat in einer Garage angefangen, nur mit einer Idee, die Erfinder von Google, Larry Page und Sergey Brin, ebenso und das Modelabel Benetton sollen mit ein paar selbstgestrickten Pullovern für die Verwandtschaft in einer Garage gegründet worden sein. Alle sind schwer reich geworden. Durch Ihre Ideen. Ideen sind heutzutage die Quelle des Erfolges. Ein Schauspieler zu Beginn des 3. Jahrtausends kann nicht mehr nach den gleichen Regeln wie zur Zeit Shakespeares arbeiten. Die Arbeitsbedingungen sind komplett anders, die Möglichkeiten größer denn je. Profitieren Sie von den unbegrenzten Aussichten, die sich Ihnen bieten.

88. Erstellen Sie sich eine **Homepage**. Dafür müssen Sie nicht einen Cent ausgeben. Die können Sie kostenlos bekommen wie z.B. bei www.npage.de. Schicken Sie den Link zu Ihrer Homepage an alle Filmschaffenden, Freunde und Geschäftspartner. Aktualisieren Sie Ihre Homepage regelmäßig und berichten darauf über

Ihre aktuellen oder kommenden Projekte. Versenden Sie den Link mit dem Hinweis auf die Neuigkeiten regelmäßig. So betreiben Sie ein kostenloses, effektives Marketing.

89. Viele Schauspieler wollen gern **Kunst** machen, vergessen dabei aber, dass die tägliche Arbeit selten die große Kunst bedeutet. Die Miete lässt sich in der Regel nicht durch Kunst finanzieren, sondern durch Arbeit in Serien, Telenovelas, Vorabendprogrammen, Soaps und TV-Movies. Und um ehrlich zu sein, die meisten Schauspieler verdienen ihre Miete nicht mal dort, sondern in Callcentern, der Gastronomie oder sonstigen Jobs. Viele Schauspieler sind arbeitslos bzw. haben weniger als zwanzig Drehtage im Jahr, so dass Sie ihre Existenz nicht durch Ihre Schauspielkunst bestreiten können. Die allerwenigsten Schauspieler haben das Glück Ihr Geld nur durch anspruchsvolle Rollen zu verdienen. Schauspieler, die glauben nur Kunst machen zu können, werden eine Enttäuschung erleben. Der Film- und Fernsehmarkt wimmelt nicht gerade von Kunst. Natürlich gibt es immer noch tolle Projekte, aber die sind wie die Rosinen im Kuchen. Davon sind

nur wenige da. Die Freude, wenn man Sie bekommt, wird dafür umso größer sein. Bleiben Sie offen und stellen Ihre Tätigkeit als Schauspieler auf eine breite (Arbeits-)Basis!

90. **Nichts machen!** Ist wohlmöglich der Tipp, der am meisten irritiert im Zusammenhang mit Erfolg! *Nichts machen* zum richtigen Zeitpunkt kann sehr produktiv sein. Wenn Sie sich sehr ins Zeug für eine Sache gelegt haben, kann es sinnvoll sein nun mal nichts zu machen, um Abstand zu gewinnen. Dadurch können Sie die Dinge aus einem anderen Blickwinkel betrachten. *Nichts machen* ist von Zeit zu Zeit notwendig, um produktive Phasen vorzubereiten. In einer solchen Phase können Sie auftanken, Gedanken ordnen, neue Denkansätze entwickeln oder alte Konzepte überdenken. Auch wenn Sie scheinbar *nichts machen*, arbeiten Sie auf Hochtouren. Entscheidend dabei ist, dass Sie nicht versuchen während des Nichtsmachen etwas zu erreichen, sondern sich die Dinge von selbst entwickeln lassen. Druck ist in dieser Phase kontraproduktiv.

91. **Bewerbungen** sollten informativ und übersichtlich gestaltet sein. Ein Anschreiben, der Lebenslauf, ein Demoband, verschiedene Fotos und falls erwünscht auch ein frankierter Rückumschlag, gehören zu einer guten Bewerbung dazu. Gelegentlich akzeptieren Filmschaffende, wie Agenten oder Casting Directors auch Bewerbungen per Email, dies sollte aber vorher geklärt werden. Nicht selten werden Emailbewerbungen ignoriert. Auch sollten Sie besser von handgeschriebenen Bewerbungen Abstand nehmen. Ihre Handschrift könnte schwer zu lesen sein. Niemand hat Lust, Unleserliches zu entziffern.

92. **Anschreiben** sind eine Frage der Höflichkeit und sollen Interesse wecken. Es geht nicht darum, lange Erklärungen oder gar Ihren Lebenslauf in Prosa auf Papier zu bringen, sondern kurz mitzuteilen, um was es geht und warum sich jemand Ihre Bewerbung anschauen sollte. Anschreiben werden in der Regel nur kurz überflogen. Bewerbungen ohne Anschreiben hinterlassen einen wenig engagierten Eindruck und haben schlechtere Chancen. Anreden wie "Sehr geehrte Damen und Herren" sind überholt.

Informieren Sie sich vorher, wer der Ansprechpartner ist und schreiben diesen direkt an. Auch ist es wenig sinnvoll zu schreiben, „Hiermit bewerbe ich mich um die Aufnahme in Ihre Agentur“, das ist wenig originell und erklärt sich von selbst. Besser ist es, den Grund zu erklären, weshalb Sie genau in diese Agentur aufgenommen werden wollen und was der Agent davon hat, wenn er sich mit Ihnen beschäftigt und warum er sich für Sie begeistern sollte. Es reicht nicht aus mitzuteilen, dass Sie Schauspieler sind und deswegen eine Agentur suchen. Geben Sie sich bitte mehr Mühe. Versetzen Sie sich in die Lage eines Agenten, der am Tag zehn oder zwanzig Bewerbungen erhält. Warum sollte er Ihre Bewerbung beachten und ausgerechnet Sie in die Agentur einladen? Das Anschreiben sollte darüber hinaus übersichtlich, der Text gut strukturiert, fehlerfrei und auf dem Computer geschrieben sein.

93. **Alleinstellungsmerkmal** meint die herausragende Eigenschaft eines Produktes oder eines Markenartikels, mit der ein Vorteil gegenüber der Konkurrenz verbunden ist. Das Alleinstellungsmerkmal ist typischer-

weise die Grundlage einer Werbekampagne für ein Produkt. Verstehen Sie?! Sie sind der Unternehmer und das Produkt in einer Person. Und auch Ihre eigene Werbekampagne. Auch wenn Sie sich damit nicht beschäftigen. Keine Werbung ist auch eine Werbung. Aber oft eine schlechte. Egal, wo Sie in Erscheinung treten, ob persönlich oder in Form Ihres Präsentationsmaterials, Sie hinterlassen unweigerlich einen Eindruck. Ob am Telefon, durch Ihre Fotos, am Set, beim Casting, vor der Kamera, auf einem Filmfestival, in Ihrer Korrespondenz, bei der Kostümprobe, in Interviews, auf dem Demoband; die Liste ließe sich endlos fortsetzen. Das ist Ihre Werbeplattform, das ist ihr Markt. Sie sind permanent Ihr eigenes Produkt und bewerben sich selbst. Sie sollten sich dessen bewusst sein.

94. **Ehrlichkeit.** Die Filmbranche ist ein „Dorf". Alles spricht sich rum. Erfinden Sie nichts Unwahres, bezahlen Sie Ihren Agenten oder sonstige Dienstleister pünktlich. Machen Sie Ihre Arbeit gut. Wenn Sie etwas nicht wissen oder können, seien Sie ehrlich, vor allem zu sich selber. Holen Sie sich gegebenenfalls Rat bei einem Profi.

95. **Vision,** meint das innere Bild einer Vorstellung. Spitzensportler sagt man, spielen in Gedanken Ihren Sieg vor dem Wettkampf durch. Die Vision eines Schauspielers, die er von seiner Arbeit bzw. seinem Erfolg hat, kann sowohl Antrieb sein als auch die Energie freisetzen, die nötig ist, um seine Ziele zu erreichen. Vorzeitiges Aufgeben wird oft durch eine klare Vision des zu erreichenden Zieles verhindert.

96. Sie haben sich einen der schwersten Berufe der Welt ausgesucht. Ein Schauspieler zu sein, ist oft ein **hartes Brot**. Es ist gleichzeitig aber auch einer der schönsten Berufe der Welt. Die Herausforderungen des Berufes treten nicht immer gleich zu Tage. Selbst wenn Sie gerade Erfolg haben, kann es sein, dass Sie demnächst keinen mehr haben. Dieses Auf und Ab gehört zu diesem Beruf dazu. Was Sie brauchen sind ganz verschiedene Fähigkeiten, die weit über das Schauspielerische hinausgehen, um langfristige Erfolge zu verbuchen. Lassen Sie mich Ihre Karriere als Schauspieler mit der eines Profiboxers vergleichen. Der muss sich auf seine Gegner einstellen, viel trainieren, mentale Stärke entwickeln.

Schnelligkeit, Kraft und Ausdauer sind wichtig. Er muss, wenn er zu Boden geht, aufstehen und weitermachen, ansonsten ist er raus. Er muss Technik und Körper in Einklang bringen, um optimale Leistungen zu vollbringen. Dieser Vergleich dient lediglich dazu Ihnen klar zu machen, dass Sie in einem Ring stehen und verlieren werden bzw. heftige Schläge einstecken werden, wenn Sie nichts tun und der Konkurrenz nicht Paroli bieten. Seien Sie auf alles vorbereitet, wenn es heißt: Ring frei zur ersten Runde!

97. **Zuversicht.** Ihr Denken bestimmt Ihr Handeln. Wenn Sie voller Zuversicht sind, wird Ihnen Positives widerfahren. Wenn Sie von vorn herein nicht an Ihren Erfolg glauben, werden Sie ihn auch nicht haben. Es kommt auf Sie und Ihre Einstellung an. Ein schönes Casting, selbst wenn Sie die Rolle dann doch nicht bekommen, ist besser als kein Casting. Es ist Ihre Entscheidung, wie Sie damit umgehen. Sie können sich über das schöne Casting freuen oder die entgangene Rolle beklagen. Ein Schauspieler, der sein Schicksal nur beklagt, ist aber wenig attraktiv. *Das Leben ist schön!* Das ist nicht nur ein Film, sondern auch eine Lebenshaltung!

98. Ein kluger Mensch hat einmal gesagt: Das **Glück** besteht nicht darin, dass du tun kannst was du willst, sondern dass du auch immer willst, was du tust. Finden Sie Ihr eigenes Glück. Nur Sie selbst wissen, was Sie glücklich machen kann.

99. **Unternehmen Sie etwas!** Wenn Sie dieses Buch zur Seite legen und nichts weiter machen, können und werden Sie keinen Erfolg haben. Ein Buch ist nur ein Buch. *To act* kommt von handeln. Ein *Actor* ist jemand, der *handelt.* Unternehmen Sie jetzt ganz konkret etwas. Gehen Sie den ersten Schritt! Fangen Sie mit dem Punkt an, den Sie am leichtesten umsetzen können. Handlungen, nicht Wissen, führen zum Erfolg!

100. Sie sind der Schlüssel zum Erfolg. Ihre Art zu denken und die Handlungen, die sich daraus ergeben, entscheiden über Erfolg oder Misserfolg! **Alles beginnt bei Ihnen!** Alles kommt zu Ihnen zurück.

Nachwort

Mein Dank gilt nicht bestimmten Personen, sondern vielmehr den Umständen in meinem Leben, die mich immer wieder aufgefordert haben, etwas zu verändern. Für mich persönlich ist Unzufriedenheit immer noch ein großer Antrieb. Alle Schwierigkeiten betrachte ich, wenn auch nicht immer sofort, als Herausforderungen, die es zu meistern gilt. Nicht selten wurde mir gesagt, das kannst Du nicht oder das schaffst Du nie. Gerade solche Aussagen haben mich angetrieben, es doch zu schaffen. Das Einzige was ich oft hatte, war eine Vision.

Im Januar 2009 habe ich entgegen aller Erwartungen meinen eigenen Verlag gegründet, im April mein erstes Buch veröffentlicht und im Juni mein zweites. (Sie halten es gerade in den Händen!) Sie glauben vielleicht, man braucht dazu immer sehr viel Geld. Nein! Meine Verlagsgründung zum Beispiel hat genau 26 Euro für die Gewerbeanmeldung gekostet. Damit ist ein Verlag offiziell gegründet. Was ich damit sagen will ist, dass Sie nicht immer Geld brauchen, um Erfolg zu haben, sondern den Mut es zu probieren. Mehr wert als alles Geld, ist ein Traum, der wahr wird.

Alles ist möglich, wenn Sie es versuchen!

Die „Schauspieler-Bibel" zum Thema Erfolg

Frank Gehricke

Der erfolgreiche Weg ins Film- und Fernsehgeschäft

Praxishandbuch für Schauspieler

Der Weg ins Film- und Fernsehgeschäft ist kein Buch mit sieben Siegeln. Ein Schauspieler braucht Erfolg. Der Weg dahin ist manchmal hart. Aber es ist viel härter, keinen Erfolg zu haben. Sie müssen nicht viel machen, nur das Richtige. Den Weg zum erfolgreichen Film- und Fernsehschauspieler werden Sie in diesem Buch unkompliziert und umsetzbar aufgezeigt bekommen. Sie brauchen keine Fachkenntnisse oder sonstige Vorausetzungen, außer Ihrem Talent und den unbedingten Willen erfolgreich zu werden.

Frank Gehricke ist der Marketing-Coach für Schauspieler in Deutschland. Er gründete die Agentur actorsahead!®, die ausschließlich auf das Management von Film- und Fernsehschauspielern spezialisiert ist. Er ist außerdem Gründer und Vorstand des BCFF „Bundesverband Coaching für Filmschaffende".

Frank Gehricke
Der erfolgreiche Weg ins Film- und Fernsehgeschäft
Praxishandbuch für Schauspieler

Paperback, 21,5 x 13,5 cm, 200 Seiten
ISBN 978-3-941617-00-1
EUR 19,80
www.actorsahead-verlag.de